TRANZLATY
Language is for everyone
زبان برای همه است

Beauty and the Beast

هیولا و زیبایی

Gabrielle-Suzanne Barbot de Villeneuve

English / فارسی

Copyright © 2025 Tranzlaty
All rights reserved
Published by Tranzlaty
ISBN: 978-1-83566-984-6
Original text by Gabrielle-Suzanne Barbot de Villeneuve
La Belle et la Bête
First published in French in 1740
Taken from The Blue Fairy Book (Andrew Lang)
Illustration by Walter Crane
www.tranzlaty.com

There was once a rich merchant
زمانی یک تاجر ثروتمند بود
this rich merchant had six children
این تاجر ثروتمند شش فرزند داشت
he had three sons and three daughters
او سه پسر و سه دختر داشت
he spared no cost for their education
او از هیچ هزینه ای برای تحصیل آنها دریغ نکرد
because he was a man of sense
چون او مرد باهوشی بود
but he gave his children many servants
اما او به فرزندان خود خدمتگزاران زیادی داد
his daughters were extremely pretty
دخترانش فوق العاده زیبا بودند
and his youngest daughter was especially pretty
و کوچکترین دخترش به خصوص زیبا بود
as a child her Beauty was already admired
در کودکی زیبایی او قبلاً تحسین شده بود
and the people called her by her Beauty
و مردم به زیبایی او را صدا زدند
her Beauty did not fade as she got older
زیبایی او با افزایش سن از بین نرفت
so the people kept calling her by her Beauty
بنابراین مردم به زیبایی او را صدا می زدند
this made her sisters very jealous
این باعث حسادت خواهرانش شد
the two eldest daughters had a great deal of pride
دو دختر بزرگتر غرور زیادی داشتند
their wealth was the source of their pride
ثروتشان مایه غرورشان بود
and they didn't hide their pride either
و غرور خود را نیز پنهان نکردند
they did not visit other merchants' daughters
آنها دختران بازرگانان دیگر را ملاقات نکردند
because they only meet with aristocracy
زیرا آنها فقط با اشراف ملاقات می کنند

they went out every day to parties
آنها هر روز به مهمانی می رفتند
balls, plays, concerts, and so forth
توپ، نمایش، کنسرت، و غیره
and they laughed at their youngest sister
و آنها به کوچکترین خواهر خود خندیدند
because she spent most of her time reading
چون بیشتر وقتش را صرف خواندن می کرد
it was well known that they were wealthy
معلوم بود که آنها ثروتمند هستند
so several eminent merchants asked for their hand
پس چند تاجر سرشناس دست آنها را خواستند
but they said they were not going to marry
اما آنها گفتند که قصد ازدواج ندارند
but they were prepared to make some exceptions
اما آنها آماده بودند تا استثناهایی را ایجاد کنند
"perhaps I could marry a Duke"
شاید بتوانم با یک دوک ازدواج کنم
"I guess I could marry an Earl"
"فکر می کنم می توانم با ارل ازدواج کنم "
Beauty very civilly thanked those that proposed to her
زیبایی بسیار متمدنانه از کسانی که از او خواستگاری کردند تشکر کرد
she told them she was still too young to marry
او به آنها گفت که هنوز برای ازدواج خیلی جوان است
she wanted to stay a few more years with her father
او می خواست چند سال دیگر پیش پدرش بماند
All at once the merchant lost his fortune
یکباره تاجر ثروت خود را از دست داد
he lost everything apart from a small country house
او همه چیز را به جز یک خانه کوچک روستایی از دست داد
and he told his children with tears in his eyes:
و با چشمانی اشکبار به فرزندانش گفت :
"we must go to the countryside"
"ما باید به روستا برویم "
"and we must work for our living"
"و ما باید برای زندگی خود کار کنیم "

the two eldest daughters didn't want to leave the town
دو دختر بزرگتر نمی خواستند شهر را ترک کنند
they had several lovers in the city
آنها چندین معشوقه در شهر داشتند
and they were sure one of their lovers would marry them
و مطمئن بودند یکی از معشوقه هایشان با آنها ازدواج خواهد کرد
they thought their lovers would marry them even with no fortune
آنها فکر می کردند که عاشقانشان حتی بدون ثروت با آنها ازدواج خواهند کرد
but the good ladies were mistaken
اما خانم های خوب اشتباه کردند
their lovers abandoned them very quickly
عاشقانشان خیلی سریع آنها را ترک کردند
because they had no fortunes any more
زیرا آنها دیگر هیچ ثروتی نداشتند
this showed they were not actually well liked
این نشان داد که آنها واقعاً مورد پسند نیستند
everybody said they do not deserve to be pitied
همه گفتند که سزاوار ترحم نیستند
"we are glad to see their pride humbled"
"ما خوشحالیم که غرور آنها را فروتن می کنیم"
"let them be proud of milking cows"
بگذار به گاو دوشیدن افتخار کنند
but they were concerned for Beauty
اما آنها نگران زیبایی بودند
she was such a sweet creature
اون خیلی موجود شیرینی بود
she spoke so kindly to poor people
او خیلی مهربانانه با مردم فقیر صحبت می کرد
and she was of such an innocent nature
و او از طبیعت بی گناه بود
Several gentlemen would have married her
چند نفر از آقایان با او ازدواج می کردند
they would have married her even though she was poor
با اینکه فقیر بود با او ازدواج می کردند

but she told them she couldn't marry them
اما او به آنها گفت که نمی تواند با آنها ازدواج کند
because she would not leave her father
چون پدرش را ترک نمی کرد
she was determined to go with him to the countryside
مصمم بود با او به روستا برود
so that she could comfort and help him
تا بتواند به او آرامش دهد و کمکش کند
Poor Beauty was very grieved at first
زیبایی ضعیف در ابتدا بسیار غمگین شد
she was grieved by the loss of her fortune
او از از دست دادن ثروت خود غمگین بود
"but crying won't change my fortunes"
"اما گریه کردن شانس من را تغییر نمی دهد "
"I must try to make myself happy without wealth"
"من باید سعی کنم خودم را بدون ثروت خوشحال کنم "
they came to their country house
آنها به خانه روستایی خود آمدند
and the merchant and his three sons applied themselves to husbandry
و بازرگان و سه پسرش به دامداری پرداختند
Beauty rose at four in the morning
زیبایی ساعت چهار صبح بلند شد
and she hurried to clean the house
و عجله کرد تا خانه را تمیز کند
and she made sure dinner was ready
و او مطمئن شد که شام آماده است
in the beginning she found her new life very difficult
در ابتدا او زندگی جدید خود را بسیار دشوار یافت
because she had not been used to such work
زیرا او به چنین کاری عادت نکرده بود
but in less than two months she grew stronger
اما در کمتر از دو ماه او قوی تر شد
and she was healthier than ever before
و او سالم تر از همیشه بود
after she had done her work she read

بعد از اینکه کارش را انجام داد خواند
she played on the harpsichord

او با هارپسیکورد می نواخت
or she sung whilst she spun silk

یا در حالی که ابریشم می چرخید آواز می خواند
on the contrary, her two sisters did not know how to spend their time

برعکس، دو خواهرش نمی دانستند چگونه وقت خود را بگذرانند
they got up at ten and did nothing but laze about all day

آنها ساعت ده از خواب بیدار شدند و کاری جز تنبلی در تمام روز انجام ندادند
they lamented the loss of their fine clothes

آنها از گم شدن لباسهای خوب خود ابراز تاسف کردند
and they complained about losing their acquaintances

و از از دست دادن آشنایان خود شکایت کردند
"Have a look at our youngest sister," they said to each other

آنها به یکدیگر گفتند: "به خواهر کوچک ما نگاه کنید".
"what a poor and stupid creature she is"

"او چه موجود فقیر و احمقی است"
"it is mean to be content with so little"

"به این معنی است که به این مقدار کم راضی باشیم"
the kind merchant was of quite a different opinion

تاجر مهربان نظر کاملاً متفاوتی داشت
he knew very well that Beauty outshone her sisters

او به خوبی می دانست که زیبایی بیش از خواهرانش است
she outshone them in character as well as mind

او در شخصیت و همچنین ذهن آنها را درخشید
he admired her humility and her hard work

فروتنی و سخت کوشی او را تحسین کرد
but most of all he admired her patience

اما بیشتر از همه او صبر او را تحسین کرد
her sisters left her all the work to do

خواهرانش تمام کارها را به او واگذار کردند
and they insulted her every moment

و هر لحظه به او توهین می کردند
The family had lived like this for about a year

خانواده حدود یک سال اینگونه زندگی کرده بودند

then the merchant got a letter from an accountant

سپس تاجر نامه ای از یک حسابدار دریافت کرد

he had an investment in a ship

او در یک کشتی سرمایه گذاری کرده بود

and the ship had safely arrived

و کشتی به سلامت رسیده بود

this news turned the heads of the two eldest daughters

او سر دو دختر بزرگ را برگرداند

they immediately had hopes of returning to town

آنها بلافاصله امیدوار بودند که به شهر بازگردند

because they were quite weary of country life

زیرا آنها از زندگی روستایی بسیار خسته بودند

they went to their father as he was leaving

در حالی که پدرشان می رفت، نزد پدر رفتند

they begged him to buy them new clothes

از او التماس کردند که برایشان لباس نو بخرد

dresses, ribbons, and all sorts of little things

لباس، روبان، و انواع چیزهای کوچک

but Beauty asked for nothing

اما زیبایی چیزی نخواست

because she thought the money wasn't going to be enough

چون فکر می کرد پول کافی نیست

there wouldn't be enough to buy everything her sisters wanted

برای خرید هر چیزی که خواهرانش می خواستند کافی نبود

"What would you like, Beauty?" asked her father

"چی دوست داری، زیبایی؟" از پدرش پرسید

"thank you, father, for the goodness to think of me," she said

او گفت: "پدر، از تو متشکرم که به فکر من هستی".

"father, be so kind as to bring me a rose"

"پدر، آنقدر مهربان باش که برای من گل رز بیاوری"

"because no roses grow here in the garden"

"چون هیچ گل رز اینجا در باغ نمی روید"

"and roses are a kind of rarity"

"و گل رز نوعی کمیاب است"

Beauty didn't really care for roses
زیبایی واقعاً به گل رز اهمیت نمی داد
she only asked for something not to condemn her sisters
او فقط چیزی خواست که خواهرانش را محکوم نکند
but her sisters thought she asked for roses for other reasons
اما خواهرانش فکر کردند که او به دلایل دیگری گل رز خواسته است
"she did it just to look particular"
" او این کار را انجام داد تا خاص به نظر برسد "
The kind man went on his journey
مرد مهربان به سفر خود رفت
but when he arrived they argued about the merchandise
اما هنگامی که او رسید، آنها در مورد کالا بحث کردند
and after a lot of trouble he came back as poor as before
و پس از مشقت های فراوان، مثل قبل فقیر بازگشت
he was within a couple of hours of his own house
او چند ساعت از خانه خود فاصله داشت
and he already imagined the joy of seeing his children
و او قبلاً لذت دیدن فرزندانش را تصور می کرد
but when going through forest he got lost
اما هنگام عبور از جنگل گم شد
it rained and snowed terribly
باران و برف وحشتناکی بارید
the wind was so strong it threw him off his horse
باد آنقدر شدید بود که او را از اسبش پرت کرد
and night was coming quickly
و شب به سرعت فرا می رسید
he began to think that he might starve
او شروع به فکر کرد که ممکن است از گرسنگی بمیرد
and he thought that he might freeze to death
و فکر کرد که ممکن است یخ بزند تا بمیرد
and he thought wolves may eat him
و او فکر کرد که ممکن است گرگ ها او را بخورند
the wolves that he heard howling all round him
زوزه گرگ ها را در اطرافش شنید
but all of a sudden he saw a light
اما ناگهان نوری را دید

he saw the light at a distance through the trees
نور را از راه دور از میان درختان دید
when he got closer he saw the light was a palace
وقتی نزدیکتر شد دید که نور یک قصر است
the palace was illuminated from top to bottom
کاخ از بالا به پایین روشن شد
the merchant thanked God for his luck
تاجر خدا را به خاطر شانسش شکر کرد
and he hurried to the palace
و با عجله به سمت قصر رفت
but he was surprised to see no people in the palace
اما از دیدن هیچ مردمی در قصر شگفت زده شد
the court yard was completely empty
حیاط دادگاه کاملا خالی بود
and there was no sign of life anywhere
و هیچ نشانی از زندگی وجود نداشت
his horse followed him into the palace
اسبش به دنبال او وارد قصر شد
and then his horse found large stable
و سپس اسب او اصطبل بزرگی یافت
the poor animal was almost famished
حیوان بیچاره تقریباً گرسنه شده بود
so his horse went in to find hay and oats
بنابراین اسب او برای یافتن یونجه و جو به داخل رفت
fortunately he found plenty to eat
خوشبختانه او مقدار زیادی برای خوردن پیدا کرد
and the merchant tied his horse up to the manger
و بازرگان اسب خود را به آخور بست
walking towards the house he saw no one
وقتی به سمت خانه می رفت کسی را ندید
but in a large hall he found a good fire
اما در یک سالن بزرگ آتش خوبی پیدا کرد
and he found a table set for one
و او یک میز برای یکی پیدا کرد
he was wet from the rain and snow
از باران و برف خیس شده بود

so he went near the fire to dry himself
پس نزدیک آتش رفت تا خود را خشک کند
"I hope the master of the house will excuse me"
"امیدوارم ارباب خانه مرا ببخشد "
"I suppose it won't take long for someone to appear"
"فکر می کنم زمان زیادی طول نمی کشد تا کسی ظاهر شود "
He waited a considerable time
او مدت قابل توجهی منتظر ماند
he waited until it struck eleven, and still nobody came
او صبر کرد تا اینکه به یازده رسید، اما هنوز کسی نیامد
at last he was so hungry that he could wait no longer
بالاخره آنقدر گرسنه بود که دیگر نمی توانست صبر کند
he took some chicken and ate it in two mouthfuls
مقداری مرغ گرفت و در دو لقمه خورد
he was trembling while eating the food
هنگام خوردن غذا می لرزید
after this he drank a few glasses of wine
بعد از این چند لیوان شراب نوشید
growing more courageous he went out of the hall
با شجاعت بیشتر از سالن بیرون رفت
and he crossed through several grand halls
و از چندین سالن بزرگ عبور کرد
he walked through the palace until he came into a chamber
او در قصر قدم زد تا اینکه وارد یک اتاق شد
a chamber which had an exceeding good bed in it
اتاقی که بستر بسیار خوبی در آن بود
he was very much fatigued from his ordeal
او از مصیبت خود بسیار خسته بود
and the time was already past midnight
و ساعت از نیمه شب گذشته بود
so he decided it was best to shut the door
بنابراین او تصمیم گرفت که بهتر است در را ببندد
and he concluded he should go to bed
و او به این نتیجه رسید که باید به رختخواب برود
It was ten in the morning when the merchant woke up
ساعت ده صبح بود که تاجر از خواب بیدار شد

just as he was going to rise he saw something
همین که می خواست بلند شود چیزی دید
he was astonished to see a clean set of clothes
او از دیدن یک مجموعه لباس تمیز شگفت زده شد
in the place where he had left his dirty clothes
در جایی که لباس های کثیفش را جا گذاشته بود
"certainly this palace belongs to some kind fairy"
"مطمئناً این قصر متعلق به یک پری مهربان است "
"a fairy who has seen and pitied me"
"پری که مرا دیده و ترحم کرده است "
he looked through a window
از پنجره نگاه کرد
but instead of snow he saw the most delightful garden
اما به جای برف، دلپذیرترین باغ را دید
and in the garden were the most beautiful roses
و در باغ زیباترین گلهای رز بود
he then returned to the great hall
سپس به سالن بزرگ بازگشت
the hall where he had had soup the night before
سالنی که شب قبل در آن سوپ خورده بود
and he found some chocolate on a little table
و مقداری شکلات روی میز کوچکی پیدا کرد
"Thank you, good Madam Fairy," he said aloud
با صدای بلند گفت :متشکرم خانم پری خوب
"thank you for being so caring"
"ممنونم که اینقدر دقت کردی "
"I am extremely obliged to you for all your favours"
"من به خاطر همه لطف شما به شما بسیار متعهد هستم "
the kind man drank his chocolate
مرد مهربان شکلاتش را نوشید
and then he went to look for his horse
و سپس به دنبال اسب خود رفت
but in the garden he remembered Beauty's request
اما در باغ به یاد خواسته زیبایی افتاد
and he cut off a branch of roses
و شاخه ای از گل رز را برید

immediately he heard a great noise
فورا صدای بزرگی شنید
and he saw a terribly frightful Beast
و او جانور وحشتناکی را دید
he was so scared that he was ready to faint
او آنقدر ترسیده بود که آماده غش کردن بود
"You are very ungrateful," said the Beast to him
جانور به او گفت :تو بسیار ناسپاسی
and the Beast spoke in a terrible voice
و جانور با صدای وحشتناکی صحبت کرد
"I have saved your life by allowing you into my castle"
"من با اجازه دادن تو به قلعه خود جان تو را نجات دادم "
"and for this you steal my roses in return?"
" و برای این تو در عوض گل رز مرا می دزدی؟ "
"The roses which I value beyond anything"
"رزهایی که من بیش از هر چیزی برای آنها ارزش قائل هستم "
"but you shall die for what you've done"
"اما تو باید برای کاری که انجام دادی بمیری "
"I give you but a quarter of an hour to prepare yourself"
فقط یک ربع به شما فرصت می دهم تا خودتان را آماده کنید .
"get yourself ready for death and say your prayers"
"خودت را برای مرگ آماده کن و نمازت را بخوان "
the merchant fell on his knees
تاجر روی زانو افتاد
and he lifted up both his hands
و هر دو دستش را بلند کرد
"My lord, I beseech you to forgive me"
"پروردگار من، از تو می خواهم که مرا ببخشی "
"I had no intention of offending you"
"من قصد توهین نداشتم "
"I gathered a rose for one of my daughters"
"من برای یکی از دخترانم گل رز جمع کردم "
"she asked me to bring her a rose"
"او از من خواست برایش گل رز بیاورم "
"I am not your lord, but I am a Beast," replied the monster
هیولا پاسخ داد» :من ارباب شما نیستم، بلکه یک حیوان هستم

"I don't love compliments"
"من عاشق تعارف نیستم "
"I like people who speak as they think"
"من افرادی را دوست دارم که همانطور که فکر می کنند صحبت می کنند "
"do not imagine I can be moved by flattery"
"تصور نکن من می توانم تحت تاثیر چاپلوسی قرار بگیرم "
"But you say you have got daughters"
"اما شما می گویید که دختر دارید "
"I will forgive you on one condition"
"به یک شرط میبخشمت "
"one of your daughters must come to my palace willingly"
"یکی از دخترانت باید با کمال میل به قصر من بیاید "
"and she must suffer for you"
"و او باید برای تو رنج بکشد "
"Let me have your word"
"بگذار حرفت را بزنم "
"and then you can go about your business"
"و سپس می توانید به کار خود بروید "
"Promise me this:"
"به من قول بده ":
"if your daughter refuses to die for you, you must return within three months"
"اگر دخترت حاضر نشد برایت بمیرد، باید ظرف سه ماه برگردی ".
the merchant had no intentions to sacrifice his daughters
تاجر هیچ قصدی برای قربانی کردن دخترانش نداشت
but, since he was given time, he wanted to see his daughters once more
اما از آنجایی که به او فرصت داده شد، می خواست یک بار دیگر دخترانش را ببیند
so he promised he would return
پس قول داد که برمی گردد
and the Beast told him he might set out when he pleased
و جانور به او گفت که ممکن است وقتی بخواهد به راه بیفتد
and the Beast told him one more thing
و جانور یک چیز دیگر به او گفت

"you shall not depart empty handed"
"تو نباید دست خالی بروی"
"go back to the room where you lay"
"برگرد به اتاقی که در آن دراز کشیده ای"
"you will see a great empty treasure chest"
"شما یک صندوقچه گنج خالی بزرگ خواهید دید"
"fill the treasure chest with whatever you like best"
"صندوق گنج را با هر چیزی که دوست دارید پر کنید"
"and I will send the treasure chest to your home"
"و من صندوق گنج را به خانه شما خواهم فرستاد"
and at the same time the Beast withdrew
و در همان زمان وحش عقب نشینی کرد
"Well," said the good man to himself
مرد خوب با خود گفت: خوب
"if I must die, I shall at least leave something to my children"
"اگر باید بمیرم، حداقل چیزی را به فرزندانم خواهم گذاشت"
so he returned to the bedchamber
پس به اتاق خواب برگشت
and he found a great many pieces of gold
و او مقدار زیادی طلا پیدا کرد
he filled the treasure chest the Beast had mentioned
او صندوقچه گنجی را که جانور ذکر کرده بود پر کرد
and he took his horse out of the stable
و اسبش را از اصطبل بیرون آورد
the joy he felt when entering the palace was now equal to the grief he felt leaving it
لذتی که هنگام ورود به قصر احساس می کرد اکنون برابر با اندوهی بود که از ترک آن احساس می کرد
the horse took one of the roads of the forest
اسب یکی از جاده های جنگل را طی کرد
and in a few hours the good man was home
و بعد از چند ساعت مرد خوب به خانه رسید
his children came to him
فرزندانش نزد او آمدند
but instead of receiving their embraces with pleasure, he

looked at them

اما به جای اینکه آغوش آنها را با لذت بپذیرد، به آنها نگاه کرد

he held up the branch he had in his hands

شاخه ای را که در دستانش بود بالا گرفت

and then he burst into tears

و بعد اشک ریخت

"Beauty," he said, "please take these roses"

او گفت" :زیبایی، لطفا این گل رز ها را بردارید "

"you can't know how costly these roses have been"

"شما نمی توانید بدانید که این گل رز چقدر گران بوده است "

"these roses have cost your father his life"

"این گل رز به قیمت جان پدرت تمام شد "

and then he told of his fatal adventure

و سپس از ماجراجویی مرگبار خود گفت

immediately the two eldest sisters cried out

بلافاصله دو خواهر بزرگتر فریاد زدند

and they said many mean things to their beautiful sister

و آنها چیز های بد زیادی به خواهر زیبای خود گفتند

but Beauty did not cry at all

اما زیبایی اصلا گریه نکرد

"Look at the pride of that little wretch," said they

آنها گفتند" :به غرور آن بدبخت کوچک نگاه کنید ".

"she did not ask for fine clothes"

"او لباس خوب نخواست "

"she should have done what we did"

"او باید کاری را که ما انجام دادیم انجام می داد "

"she wanted to distinguish herself"

"او می خواست خود را متمایز کند "

"so now she will be the death of our father"

"پس اکنون او مرگ پدر ما خواهد بود "

"and yet she does not shed a tear"

"و با این حال او اشک نمی ریزد "

"Why should I cry?" answered Beauty

"چرا باید گریه کنم؟ "زیبایی جواب داد

"crying would be very needless"

"گریه کردن خیلی بی نیاز خواهد بود "

"my father will not suffer for me"
"پدرم برای من عذاب نمی کشد "
"the monster will accept of one of his daughters"
"هیولا یکی از دخترانش را می پذیرد "
"I will offer myself up to all his fury"
"من خودم را در برابر تمام خشم او تقدیم خواهم کرد "
"I am very happy, because my death will save my father's life"
من بسیار خوشحالم، زیرا مرگ من جان پدرم را نجات خواهد داد .
"my death will be a proof of my love"
"مرگ من دلیلی بر عشق من خواهد بود "
"No, sister," said her three brothers
سه برادرش گفتند :نه خواهر
"that shall not be"
"این نمی شود "
"we will go find the monster"
"ما میریم هیولا رو پیدا میکنیم "
"and either we will kill him..."
"و یا ما او را خواهیم کشت "...
"... or we will perish in the attempt"
..."وگرنه در تلاش هلاک خواهیم شد "
"Do not imagine any such thing, my sons," said the merchant
تاجر گفت :پسرانم چنین چیزی را تصور نکنید
"the Beast's power is so great that I have no hope you could overcome him"
"قدرت جانور آنقدر زیاد است که من هیچ امیدی ندارم که بتوانید بر او غلبه کنید "
"I am charmed with Beauty's kind and generous offer"
"من شیفته پیشنهاد مهربان و سخاوتمندانه زیبایی هستم "
"but I cannot accept to her generosity"
"اما من نمی توانم سخاوت او را بپذیرم "
"I am old, and I don't have long to live"
"من پیر هستم و مدت زیادی برای زندگی کردن ندارم "
"so I can only loose a few years"
"پس من فقط می توانم چند سال از دست بدهم "
"time which I regret for you, my dear children"

"زمانی که برای شما افسوس خوردم فرزندان عزیزم "
"But father," said Beauty
زیبایی گفت: اما پدر
"you shall not go to the palace without me"
"تو بدون من به قصر نخواهی رفت "
"you cannot stop me from following you"
"تو نمی‌توانی من را از دنبال کردن تو بازداری "
nothing could convince Beauty otherwise
هیچ چیز نمی تواند زیبایی را متقاعد کند
she insisted on going to the fine palace
او اصرار داشت که به قصر خوب برود
and her sisters were delighted at her insistence
و خواهرانش از اصرار او خوشحال شدند
The merchant was worried at the thought of losing his daughter
تاجر از فکر از دست دادن دخترش نگران بود
he was so worried that he had forgotten about the chest full of gold
آنقدر نگران بود که سینه پر از طلا را فراموش کرده بود
at night he retired to rest, and he shut his chamber door
شب برای استراحت بازنشسته شد و در اتاقش را بست
then, to his great astonishment, he found the treasure by his bedside
سپس، در کمال شگفتی، گنج را در کنار تختش یافت
he was determined not to tell his children
او مصمم بود به فرزندانش چیزی نگوید
if they knew, they would have wanted to return to town
اگر می دانستند، می خواستند به شهر بازگردند
and he was resolved not to leave the countryside
و او تصمیم گرفت که روستا را ترک نکند
but he trusted Beauty with the secret
اما او به زیبایی راز اعتماد کرد
she informed him that two gentlemen had came
به او خبر داد که دو آقا آمده اند
and they made proposals to her sisters
و به خواهرانش پیشنهاد دادند

she begged her father to consent to their marriage
او از پدرش التماس کرد که با ازدواج آنها موافقت کند
and she asked him to give them some of his fortune
و از او خواست تا مقداری از دارایی خود را به آنها بدهد
she had already forgiven them
او قبلاً آنها را بخشیده بود
the wicked creatures rubbed their eyes with onions
موجودات شریر چشمان خود را با پیاز مالیدند
to force some tears when they parted with their sister
وقتی از خواهرشان جدا شدند کمی اشک بریزند
but her brothers really were concerned
اما برادران او واقعا نگران بودند
Beauty was the only one who did not shed any tears
زیبایی تنها کسی بود که اشک نریخت
she did not want to increase their uneasiness
او نمی خواست ناراحتی آنها را افزایش دهد
the horse took the direct road to the palace
اسب راه مستقیم قصر را در پیش گرفت
and towards evening they saw the illuminated palace
و نزدیک غروب کاخ نورانی را دیدند
the horse took himself into the stable again
اسب دوباره خودش را به داخل اصطبل برد
and the good man and his daughter went into the great hall
و مرد خوب و دخترش به سالن بزرگ رفتند
here they found a table splendidly served up
در اینجا میزی را پیدا کردند که با شکوه سرو شده بود
the merchant had no appetite to eat
تاجر اشتهایی برای خوردن نداشت
but Beauty endeavoured to appear cheerful
اما زیبایی تلاش می کرد که شاد به نظر برسد
she sat down at the table and helped her father
پشت میز نشست و به پدرش کمک کرد
but she also thought to herself:
اما او همچنین با خود فکر کرد :
"Beast surely wants to fatten me before he eats me"
"جانور مطمئناً قبل از اینکه مرا بخورد می خواهد مرا چاق کند "

"that is why he provides such plentiful entertainment"
"به همین دلیل است که او چنین سرگرمی های فراوانی را فراهم می کند "

after they had eaten they heard a great noise
بعد از اینکه غذا خوردند صدای بلندی شنیدند

and the merchant bid his unfortunate child farewell, with tears in his eyes
و بازرگان با چشمانی اشکبار با فرزند نگون بخت خود خداحافظی کرد

because he knew the Beast was coming
چون می دانست که جانور در حال آمدن است

Beauty was terrified at his horrid form
زیبایی از فرم وحشتناک او وحشت داشت

but she took courage as well as she could
اما او تا آنجا که می توانست شجاعت به خرج داد

and the monster asked her if she came willingly
و هیولا از او پرسید که آیا با میل آمده است؟

"yes, I have come willingly," she said trembling
او با لرزش گفت" :بله، من با کمال میل آمده ام ".

the Beast responded, "You are very good"
جانور پاسخ داد: "تو خیلی خوب هستی "

"and I am greatly obliged to you; honest man"
"و من بر تو بسیار متعهد هستم ای مرد صادق "

"go your ways tomorrow morning"
"فردا صبح راهت را برو "

"but never think of coming here again"
"اما هرگز به آمدن دوباره به اینجا فکر نکن "

"Farewell Beauty, farewell Beast," he answered
او پاسخ داد" :خداحافظ زیبایی، خداحافظ جانور ".

and immediately the monster withdrew
و بلافاصله هیولا عقب نشینی کرد

"Oh, daughter," said the merchant
تاجر گفت :آه دختر

and he embraced his daughter once more
و یک بار دیگر دخترش را در آغوش گرفت

"I am almost frightened to death"
"من تقریباً از مرگ می ترسم "

- 18 -

"believe me, you had better go back"

"باور کن بهتره برگردی"

"let me stay here, instead of you"

"بگذار به جای تو اینجا بمانم "

"No, father," said Beauty, in a resolute tone

زیبایی با لحنی مصمم گفت :نه پدر

"you shall set out tomorrow morning"

"فردا صبح راهی خواهی شد"

"leave me to the care and protection of providence"

"مرا به مراقبت و حمایت مشیت بسپار"

nonetheless they went to bed

با این حال آنها به رختخواب رفتند

they thought they would not close their eyes all night

آنها فکر می کردند که تمام شب چشمان خود را نمی بندند

but just as they lay down they slept

اما همانطور که دراز کشیدند خوابیدند

Beauty dreamed a fine lady came and said to her:

زیبارو خواب دید زنی خوب آمد و به او گفت :

"I am content, Beauty, with your good will"

"من از حسن نیت تو راضی هستم، زیبایی"

"this good action of yours shall not go unrewarded"

"این عمل خوب شما بدون پاداش نخواهد ماند "

Beauty waked and told her father her dream

زیبایی از خواب بیدار شد و خواب خود را به پدرش گفت

the dream helped to comfort him a little

رویا به او کمک کرد تا کمی آرامش داشته باشد

but he could not help crying bitterly as he was leaving

اما در حین خروج نتوانست گریه های تلخی را از خود دور کند

as soon as he was gone, Beauty sat down in the great hall and cried too

به محض اینکه او رفت، زیبایی در سالن بزرگ نشست و گریه کرد

but she resolved not to be uneasy

اما او تصمیم گرفت که ناراحت نباشد

she decided to be strong for the little time she had left to live

او تصمیم گرفت برای مدت کمی که برای زندگی باقی مانده بود قوی باشد

because she firmly believed the Beast would eat her
زیرا او کاملاً معتقد بود که جانور او را خواهد خورد
however, she thought she might as well explore the palace
با این حال، او فکر کرد که می تواند کاخ را نیز کشف کند
and she wanted to view the fine castle
و او می خواست قلعه زیبا را ببیند
a castle which she could not help admiring
قلعه ای که او نمی توانست آن را تحسین کند
it was a delightfully pleasant palace
این یک قصر لذت بخش و دلپذیر بود
and she was extremely surprised at seeing a door
و او از دیدن یک در بسیار متعجب شد
and over the door was written that it was her room
و بالای در نوشته بود که اتاق اوست
she opened the door hastily
او با عجله در را باز کرد
and she was quite dazzled with the magnificence of the room
و او کاملاً از شکوه اتاق خیره شده بود
what chiefly took up her attention was a large library
چیزی که بیشتر توجه او را به خود جلب کرد یک کتابخانه بزرگ بود
a harpsichord and several music books
یک هارپسیکورد و چندین کتاب موسیقی
"Well," said she to herself
با خودش گفت: "خب ".
"I see the Beast will not let my time hang heavy"
"من می بینم که هیولا نمی گذارد زمان من سنگین شود "
then she reflected to herself about her situation
سپس در مورد وضعیت خود با خود فکر کرد
"If I was meant to stay a day all this would not be here"
"اگر قرار بود یک روز بمانم همه اینها اینجا نبود "
this consideration inspired her with fresh courage
این توجه به او شجاعت تازه ای را برانگیخت
and she took a book from her new library
و از کتابخانه جدیدش کتابی برداشت
and she read these words in golden letters:

و این کلمات را با حروف طلایی خواند :

"Welcome Beauty, banish fear"
"به زیبایی خوش آمدی، ترس را دور کن "

"You are queen and mistress here"
"شما در اینجا ملکه و معشوقه هستید "

"Speak your wishes, speak your will"
"آرزوهایت را بگو، اراده ات را بگو "

"Swift obedience meets your wishes here"
"اطاعت سریع خواسته های شما را در اینجا برآورده می کند "

"Alas," said she, with a sigh
او با آه گفت :افسوس

"Most of all I wish to see my poor father"
"بیشتر از همه آرزو دارم پدر بیچاره ام را ببینم "

"and I would like to know what he is doing"
"و من می خواهم بدانم او چه کار می کند "

As soon as she had said this she noticed the mirror
همین که این را گفت متوجه آینه شد

to her great amazement she saw her own home in the mirror
در کمال تعجب او خانه خود را در آینه دید

her father arrived emotionally exhausted
پدرش از لحاظ عاطفی خسته از راه رسید

her sisters went to meet him
خواهرانش به ملاقات او رفتند

despite their attempts to appear sorrowful, their joy was visible
علیرغم تلاش آنها برای غمگین به نظر رسیدن، شادی آنها قابل مشاهده بود

a moment later everything disappeared
یک لحظه بعد همه چیز ناپدید شد

and Beauty's apprehensions disappeared too
و دلهره های زیبایی نیز ناپدید شد

for she knew she could trust the Beast
زیرا می دانست که می تواند به جانور اعتماد کند

At noon she found dinner ready
ظهر او شام را آماده یافت

she sat herself down at the table

خودش پشت میز نشست
and she was entertained with a concert of music
و او با یک کنسرت موسیقی سرگرم شد
although she couldn't see anybody
اگرچه او نمی توانست کسی را ببیند
at night she sat down for supper again
شب دوباره برای شام نشست
this time she heard the noise the Beast made
این بار صدای هیولا را شنید
and she could not help being terrified
و او نمی‌توانست جلوی ترسش را بگیرد
"Beauty," said the monster
هیولا گفت: زیبایی
"do you allow me to eat with you?"
"اجازه می دهی با تو غذا بخورم؟ "
"do as you please," Beauty answered trembling
زیبایی لرزان پاسخ داد": هر کاری که دوست داری انجام بده ".
"No," replied the Beast
جانور پاسخ داد: نه
"you alone are mistress here"
"شما تنها معشوقه ای اینجا هستید "
"you can send me away if I'm troublesome"
"اگر مشکل دارم، می توانید مرا بفرستید "
"send me away and I will immediately withdraw"
"مرا بفرست و من فورا عقب نشینی میکنم "
"But, tell me; do you not think I am very ugly?"
"اما، به من بگو، آیا فکر نمی کنی من خیلی زشت هستم؟ "
"That is true," said Beauty
زیبایی گفت: این درست است
"I cannot tell a lie"
"نمیتونم دروغ بگم "
"but I believe you are very good natured"
"اما من معتقدم که شما خیلی خوب هستید "
"I am indeed," said the monster
هیولا گفت": من واقعا هستم ".
"But apart from my ugliness, I also have no sense"

"اما جدا از زشتی‌هایم، عقل هم ندارم "
"I know very well that I am a silly creature"

"من به خوبی می دانم که من یک موجود احمق هستم "
"It is no sign of folly to think so," replied Beauty

زیبایی پاسخ داد" :اینگونه فکر کردن نشانه حماقت نیست ".
"Eat then, Beauty," said the monster

هیولا گفت» :پس زیبایی «.
"try to amuse yourself in your palace"

"سعی کن خودت را در قصرت سرگرم کنی "
"everything here is yours"

"اینجا همه چیز مال توست ".
"and I would be very uneasy if you were not happy"

"و اگر تو خوشحال نبودی من خیلی ناراحت می شدم "
"You are very obliging," answered Beauty

زیبایی پاسخ داد" :شما بسیار موظف هستید ".
"I admit I am pleased with your kindness"

"اعتراف می کنم از لطف شما راضی هستم "
"and when I consider your kindness, I hardly notice your deformities"

"و وقتی مهربانی شما را در نظر می گیرم، به سختی متوجه بدشکلی های شما می شوم "
"Yes, yes," said the Beast, "my heart is good

جانور گفت :بله، بله، قلب من خوب است .
"but although I am good, I am still a monster"

"اما با وجود اینکه خوب هستم، من هنوز یک هیولا هستم "
"There are many men that deserve that name more than you"

"مردان زیادی هستند که بیش از شما سزاوار این نام هستند "
"and I prefer you just as you are"

"و من تو را همانگونه که هستی ترجیح می دهم "
"and I prefer you more than those who hide an ungrateful heart"

»و من تو را از کسانی که قلب ناسپاسی را پنهان می دارند ترجیح می دهم .«

"if only I had some sense," replied the Beast

جانور پاسخ داد" :اگر فقط کمی عقل داشتم ".
"if I had sense I would make a fine compliment to thank

you"

"اگر عقل داشتم برای تشکر از شما یک تعریف خوب انجام می دادم "

"but I am so dull"

"اما من خیلی کسل هستم "

"I can only say I am greatly obliged to you"

"فقط می توانم بگویم که به شما بسیار متعهد هستم "

Beauty ate a hearty supper

زیبایی یک شام مقوی خورد

and she had almost conquered her dread of the monster

و او تقریباً بر ترس خود از هیولا غلبه کرده بود

but she wanted to faint when the Beast asked her the next question

اما وقتی هیولا سوال بعدی را از او پرسید می خواست غش کند

"Beauty, will you be my wife?"

"زیبایی، همسر من می شوی؟ "

she took some time before she could answer

او مدتی طول کشید تا بتواند پاسخ دهد

because she was afraid of making him angry

چون می ترسید او را عصبانی کند

at last, however, she said "no, Beast"

با این حال، در نهایت او گفت" نه، جانور "

immediately the poor monster hissed very frightfully

بلافاصله هیولای بیچاره به طرز وحشتناکی خش خش کرد

and the whole palace echoed

و تمام قصر طنین انداز شد

but Beauty soon recovered from her fright

اما زیبایی به زودی از ترس او خلاص شد

because Beast spoke again in a mournful voice

زیرا وحش دوباره با صدای غم انگیز صحبت کرد

"then farewell, Beauty"

"پس خداحافظ ای زیبایی "

and he only turned back now and then

و او فقط گهگاه به عقب برمی گشت

to look at her as he went out

وقتی بیرون می رفت به او نگاه کنم

now Beauty was alone again

حالا زیبایی دوباره تنها بود

she felt a great deal of compassion

او احساس شفقت زیادی داشت

"Alas, it is a thousand pities"

"افسوس که هزار حیف است "

"anything so good natured should not be so ugly"

"هر چیزی که به این خوبی سرشتی داشته باشد نباید اینقدر زشت باشد "

Beauty spent three months very contentedly in the palace

زیبایی سه ماه را با رضایت کامل در قصر گذراند

every evening the Beast paid her a visit

هر روز غروب هیولا او را ملاقات می کرد

and they talked during supper

و در هنگام شام صحبت کردند

they talked with common sense

آنها با عقل سلیم صحبت کردند

but they didn't talk with what people call wittiness

اما با چیزی که مردم شوخ طبعی می نامند صحبت نکردند

Beauty always discovered some valuable character in the Beast

زیبایی همیشه شخصیت ارزشمندی را در هیولا کشف می کرد

and she had gotten used to his deformity

و او به بدشکلی او عادت کرده بود

she didn't dread the time of his visit anymore

او دیگر از زمان ملاقات او نمی ترسید

now she often looked at her watch

حالا او اغلب به ساعتش نگاه می کرد

and she couldn't wait for it to be nine o'clock

و او نمی توانست صبر کند تا ساعت نه شود

because the Beast never missed coming at that hour

زیرا وحش هرگز در آن ساعت از آمدن غافل نشد

there was only one thing that concerned Beauty

فقط یک چیز مربوط به زیبایی بود

every night before she went to bed the Beast asked her the same question

هر شب قبل از رفتن به رختخواب، جانور همین سوال را از او می پرسید

the monster asked her if she would be his wife
هیولا از او پرسید که آیا همسرش خواهد بود؟
one day she said to him, "Beast, you make me very uneasy"
یک روز به او گفت: "جانور، تو مرا خیلی ناراحت می کنی "
"I wish I could consent to marry you"
"کاش میتونستم با تو ازدواج کنم "
"but I am too sincere to make you believe I would marry you"
"اما من آنقدر صمیمانه هستم که نمی توانم باور کنی با تو ازدواج خواهم کرد "
"our marriage will never happen"
"ازدواج ما هرگز اتفاق نخواهد افتاد "
"I shall always see you as a friend"
"من همیشه تو را به عنوان یک دوست خواهم دید "
"please try to be satisfied with this"
"لطفا سعی کنید به این راضی باشید "
"I must be satisfied with this," said the Beast
جانور گفت» :باید به این راضی باشم
"I know my own misfortune"
"من بدبختی خودم را می دانم "
"but I love you with the tenderest affection"
"اما من تو را با لطیف ترین محبت دوست دارم "
"However, I ought to consider myself as happy"
"با این حال، من باید خودم را خوشحال بدانم "
"and I should be happy that you will stay here"
"و من باید خوشحال باشم که تو اینجا می مانی "
"promise me never to leave me"
"به من قول بده که هرگز ترکم نکنی "
Beauty blushed at these words
زیبایی از این کلمات سرخ شد
one day Beauty was looking in her mirror
یک روز زیبایی در آینه او نگاه می کرد
her father had worried himself sick for her
پدرش نگران او شده بود
she longed to see him again more than ever
بیشتر از همیشه آرزو داشت دوباره او را ببیند

"I could promise never to leave you entirely"
"من می توانم قول بدهم که هرگز تو را به طور کامل ترک نکنم "
"but I have so great a desire to see my father"
"اما من خیلی آرزو دارم پدرم را ببینم "
"I would be impossibly upset if you say no"
"اگر نه بگویید من به شدت ناراحت خواهم شد "
"I had rather die myself," said the monster
هیولا گفت :ترجیح دادم خودم بمیرم
"I would rather die than make you feel uneasiness"
"من ترجیح می دهم بمیرم تا اینکه تو را ناراحت کنم "
"I will send you to your father"
"من تو را نزد پدرت می فرستم "
"you shall remain with him"
"با او خواهی ماند "
"and this unfortunate Beast will die with grief instead"
"و این جانور بدبخت در عوض با اندوه خواهد مرد "
"No," said Beauty, weeping
زیبایی گریان گفت :نه
"I love you too much to be the cause of your death"
"من تو را آنقدر دوست دارم که دلیل مرگت باشم "
"I give you my promise to return in a week"
"من به شما قول می دهم که یک هفته دیگر برگردم "
"You have shown me that my sisters are married"
"تو به من نشان دادئ که خواهرانم ازدواج کرده اند "
"and my brothers have gone to the army"
"و برادرانم به سربازی رفته اند "
"let me stay a week with my father, as he is alone"
"اجازه دهید یک هفته پیش پدرم بمانم، زیرا او تنهاست "
"You shall be there tomorrow morning," said the Beast
جانور گفت :فردا صبح آنجا خواهید بود
"but remember your promise"
"اما قولت را به خاطر بسپار "
"You need only lay your ring on a table before you go to bed"
"فقط باید حلقه خود را قبل از رفتن به رختخواب روی میز بگذارید "
"and then you will be brought back before the morning"

»و سپس شما را قبل از صبح باز گردانند«
"Farewell dear Beauty," sighed the Beast
جانور آهی کشید: "خداحافظ زیبایی عزیز".
Beauty went to bed very sad that night
زیبایی آن شب بسیار غمگین به رختخواب رفت
because she didn't want to see Beast so worried
چون نمی خواست جانور را اینقدر نگران ببیند
the next morning she found herself at her father's home
صبح روز بعد او خود را در خانه پدرش یافت
she rung a little bell by her bedside
او زنگ کوچکی را کنار تختش به صدا درآورد
and the maid gave a loud shriek
و خدمتکار فریاد بلندی کشید
and her father ran upstairs
و پدرش به طبقه بالا دوید
he thought he was going to die with joy
فکر می کرد از خوشحالی می میرد
he held her in his arms for quarter of an hour
ربع ساعت او را در آغوش گرفت
eventually the first greetings were over
بالاخره اولین احوالپرسی به پایان رسید
Beauty began to think of getting out of bed
زیبایی به فکر بلند شدن از رختخواب افتاد
but she realized she had brought no clothes
اما متوجه شد که لباسی نیاورده است
but the maid told her she had found a box
اما خدمتکار به او گفت که جعبه ای پیدا کرده است
the large trunk was full of gowns and dresses
صندوق عقب بزرگ پر از لباس مجلسی و لباس بود
each gown was covered with gold and diamonds
هر لباس با طلا و الماس پوشیده شده بود
Beauty thanked Beast for his kind care
زیبایی از جانور به خاطر مراقبت مهربانش تشکر کرد
and she took one of the plainest of the dresses
و یکی از ساده ترین لباس ها را گرفت
she intended to give the other dresses to her sisters

او قصد داشت لباس های دیگر را به خواهرانش بدهد
but at that thought the chest of clothes disappeared
اما در آن فکر سینه لباس ناپدید شد
Beast had insisted the clothes were for her only
جانور اصرار کرده بود که لباس ها فقط برای او هستند
her father told her that this was the case
پدرش به او گفت که این چنین است
and immediately the trunk of clothes came back again
و بلافاصله صندوق عقب باز آمد
Beauty dressed herself with her new clothes
زیبایی خودش را با لباس های جدیدش پوشید
and in the meantime maids went to find her sisters
و در این بین خدمتکاران برای یافتن خواهران او رفتند
both her sister were with their husbands
هر دو خواهرش با شوهرانشان بودند
but both her sisters were very unhappy
اما هر دو خواهرش بسیار ناراضی بودند
her eldest sister had married a very handsome gentleman
خواهر بزرگش با یک آقا بسیار خوش تیپ ازدواج کرده بود
but he was so fond of himself that he neglected his wife
اما آنقدر به خودش علاقه داشت که از همسرش غافل شد
her second sister had married a witty man
خواهر دومش با مردی شوخ ازدواج کرده بود
but he used his wittiness to torment people
اما او از شوخ طبعی خود برای عذاب مردم استفاده می کرد
and he tormented his wife most of all
و بیشتر از همه همسرش را عذاب می داد
Beauty's sisters saw her dressed like a princess
خواهران زیبایی او را در لباس یک شاهزاده خانم دیدند
and they were sickened with envy
و از حسادت بیمار شدند
now she was more beautiful than ever
حالا او زیباتر از همیشه بود
her affectionate behaviour could not stifle their jealousy
رفتار محبت آمیز او نتوانست حسادت آنها را خفه کند
she told them how happy she was with the Beast

او به آنها گفت که چقدر با این جانور خوشحال است
and their jealousy was ready to burst
و حسادت آنها آماده ترکیدن بود
They went down into the garden to cry about their misfortune
آنها به باغ رفتند تا از بدبختی خود گریه کنند
"In what way is this little creature better than us?"
"این موجود کوچک از چه نظر بهتر از ماست؟"
"Why should she be so much happier?"
"چرا او باید خیلی خوشحال تر باشد؟"
"Sister," said the older sister
خواهر بزرگتر گفت: خواهر
"a thought just struck my mind"
"یک فکر به ذهنم رسید"
"let us try to keep her here for more than a week"
"بیایید سعی کنیم او را بیش از یک هفته اینجا نگه داریم"
"perhaps this will enrage the silly monster"
"شاید این هیولای احمقانه را خشمگین کند"
"because she would have broken her word"
"چون او حرف خود را شکست"
"and then he might devour her"
"و سپس ممکن است او را ببلعد"
"that's a great idea," answered the other sister
خواهر دیگر پاسخ داد: "این یک ایده عالی است".
"we must show her as much kindness as possible"
"ما باید تا حد امکان به او مهربانی نشان دهیم"
the sisters made this their resolution
خواهران این تصمیم خود را اعلام کردند
and they behaved very affectionately to their sister
و با خواهرشان بسیار محبت آمیز رفتار کردند
poor Beauty wept for joy from all their kindness
زیبایی بیچاره از خوشحالی از این همه مهربانی گریست
when the week was expired, they cried and tore their hair
وقتی هفته تمام شد، گریه کردند و موهای خود را پاره کردند
they seemed so sorry to part with her
به نظر می رسید که آنها از جدایی با او بسیار متاسف بودند

and Beauty promised to stay a week longer
و زیبایی قول داد که یک هفته بیشتر بماند
In the meantime, Beauty could not help reflecting on herself
در این میان، زیبایی نمی توانست از تأمل در خود جلوگیری کند
she worried what she was doing to poor Beast
او نگران بود که با حیوان بیچاره چه می کند
she know that she sincerely loved him
او می داند که او را صمیمانه دوست دارد
and she really longed to see him again
و او واقعاً آرزو داشت دوباره او را ببیند
the tenth night she spent at her father's too
دهمین شبی که او در خانه پدرش گذراند
she dreamed she was in the palace garden
او خواب دید که در باغ قصر است
and she dreamt she saw the Beast extended on the grass
و او در خواب دید که جانور را دراز شده روی علف ها دید
he seemed to reproach her in a dying voice
به نظر می رسید که او را با صدایی در حال مرگ سرزنش می کند
and he accused her of ingratitude
و او را به ناسپاسی متهم کرد
Beauty woke up from her sleep
زیبایی از خواب بیدار شد
and she burst into tears
و او به گریه افتاد
"Am I not very wicked?"
" آیا من خیلی بد نیستم؟ "
"Was it not cruel of me to act so unkindly to the Beast?"
" آیا این ظلم نبود که با این جانور چنین نامهربانی کنم؟ "
"Beast did everything to please me"
"جانور هر کاری کرد تا من را راضی کند "
"Is it his fault that he is so ugly?"
-تقصیر خودشه که اینقدر زشته؟
"Is it his fault that he has so little wit?"
"این تقصیر اوست که اینقدر عقلش کم است؟ "
"He is kind and good, and that is sufficient"
«او مهربان و نیکوکار است و بس است »

"Why did I refuse to marry him?"
"چرا از ازدواج با او امتناع کردم؟ "
"I should be happy with the monster"
" من باید با هیولا خوشحال باشم "
"look at the husbands of my sisters"
"به شوهر خواهرانم نگاه کن "
"neither wittiness, nor a being handsome makes them good"
"نه شوخ طبع و نه خوش تیپ بودن آنها را خوب نمی کند "
"neither of their husbands makes them happy"
"هیچ یک از شوهرانشان آنها را خوشحال نمی کند "
"but virtue, sweetness of temper, and patience"
»اما فضیلت و شیرینی خلق و خوی و صبر «
"these things make a woman happy"
"این چیزها یک زن را خوشحال می کند "
"and the Beast has all these valuable qualities"
"و حیوان تمام این صفات ارزشمند را دارد "
"it is true; I do not feel the tenderness of affection for him"
"درست است، من لطافت محبت را نسبت به او احساس نمی کنم "
"but I find I have the highest gratitude for him"
"اما من متوجه شدم که بالاترین سپاسگزاری را از او دارم "
"and I have the highest esteem of him"
"و من بالاترین احترام را برای او قائل هستم "
"and he is my best friend"
"و او بهترین دوست من است "
"I will not make him miserable"
"من او را بدبخت نمی کنم "
"If were I to be so ungrateful I would never forgive myself"
"اگر اینقدر ناسپاس بودم هرگز خودم را نمی بخشیدم "
Beauty put her ring on the table
زیبایی حلقه اش را روی میز گذاشت
and she went to bed again
و دوباره به رختخواب رفت
scarce was she in bed before she fell asleep
کمیاب بود قبل از اینکه بخوابد در رختخواب بود
she woke up again the next morning
صبح روز بعد دوباره از خواب بیدار شد

and she was overjoyed to find herself in the Beast's palace
و او از اینکه خود را در قصر وحش یافت بسیار خوشحال شد
she put on one of her nicest dress to please him
یکی از زیباترین لباس هایش را پوشید تا او را راضی کند
and she patiently waited for evening
و او صبورانه منتظر عصر بود
at last the wished-for hour came
ساعت آرزویی فرا رسید
the clock struck nine, yet no Beast appeared
ساعت نه را زد، اما هیچ جانوری ظاهر نشد
Beauty then feared she had been the cause of his death
زیبایی پس از آن ترسید که او علت مرگ او باشد
she ran crying all around the palace
او با گریه در اطراف قصر دوید
after having sought for him everywhere, she remembered her dream
بعد از اینکه همه جا دنبالش گشت، خوابش را به یاد آورد
and she ran to the canal in the garden
و او به سمت کانال باغ دوید
there she found poor Beast stretched out
در آنجا جانور بیچاره را دراز کرده بود
and she was sure she had killed him
و مطمئن بود که او را کشته است
she threw herself upon him without any dread
او بدون هیچ ترسی خود را روی او انداخت
his heart was still beating
قلبش همچنان می تپید
she fetched some water from the canal
او مقداری آب از کانال آورد
and she poured the water on his head
و آب را روی سر او ریخت
the Beast opened his eyes and spoke to Beauty
جانور چشمانش را باز کرد و با زیبایی صحبت کرد
"You forgot your promise"
"تو قولت را فراموش کردی "
"I was so heartbroken to have lost you"

"من خیلی دلم شکست که تو را از دست دادم "
"I resolved to starve myself"
"تصمیم گرفتم از گرسنگی بمیرم "
"but I have the happiness of seeing you once more"
"اما من خوشحالم که یک بار دیگر شما را می بینم "
"so I have the pleasure of dying satisfied"
"پس من خوشحالم که راضی بمیرم "
"No, dear Beast," said Beauty, "you must not die"
زیبایی گفت :نه، جانور عزیز، تو نباید بمیری .
"Live to be my husband"
"زندگی کن تا شوهر من شوی "
"from this moment I give you my hand"
"از این لحظه دستم را به تو می دهم "
"and I swear to be none but yours"
"و قسم می خورم که جز مال تو نباشم "
"Alas! I thought I had only a friendship for you"
"افسوس !فکر می کردم فقط برای تو دوستی دارم "
"but the grief I now feel convinces me;"
اما اندوهی که اکنون احساس می کنم مرا متقاعد می کند .
"I cannot live without you"
"من نمی توانم بدون تو زندگی کنم "
Beauty scarce had said these words when she saw a light
زیبایی کمیاب وقتی نوری را دید این کلمات را گفته بود
the palace sparkled with light
کاخ از نور می درخشید
fireworks lit up the sky
آتش بازی آسمان را روشن کرد
and the air filled with music
و هوا پر از موسیقی شد
everything gave notice of some great event
همه چیز حکایت از یک رویداد بزرگ داشت
but nothing could hold her attention
اما هیچ چیز نتوانست توجه او را جلب کند
she turned to her dear Beast
او رو به جانور عزیزش کرد
the Beast for whom she trembled with fear

جانوری که برایش از ترس می لرزید

but her surprise was great at what she saw!

اما تعجب او از چیزی که دید عالی بود !

the Beast had disappeared

جانور ناپدید شده بود

instead she saw the loveliest prince

در عوض او دوست داشتنی ترین شاهزاده را دید

she had put an end to the spell

او به طلسم پایان داده بود

a spell under which he resembled a Beast

طلسمی که تحت آن شبیه یک جانور بود

this prince was worthy of all her attention

این شاهزاده ارزش تمام توجه او را داشت

but she could not help but ask where the Beast was

اما نمی‌توانست بپرسد جانور کجاست

"You see him at your feet," said the prince

شاهزاده گفت :او را در پای خود می بینید

"A wicked fairy had condemned me"

"پری بدجنس مرا محکوم کرده بود "

"I was to remain in that shape until a beautiful princess agreed to marry me"

"قرار بود در این شکل بمانم تا زمانی که یک شاهزاده خانم زیبا با من ازدواج کند "

"the fairy hid my understanding"

"پری درک من را پنهان کرد ".

"you were the only one generous enough to be charmed by the goodness of my temper"

"تو تنها کسی بودی که به اندازه کافی سخاوتمند بودی که مجذوب خوبی خلق و خوی من شدی "

Beauty was happily surprised

زیبایی با خوشحالی شگفت زده شد

and she gave the charming prince her hand

و او دست خود را به شاهزاده جذاب داد

they went together into the castle

با هم به داخل قلعه رفتند

and Beauty was overjoyed to find her father in the castle

و زیبایی از یافتن پدرش در قلعه بسیار خوشحال شد
and her whole family were there too
و تمام خانواده او نیز آنجا بودند
even the beautiful lady that appeared in her dream was there
حتی بانوی زیبایی که در رویای او ظاهر شد آنجا بود
"Beauty," said the lady from the dream
خانم از رویا گفت :زیبایی
"come and receive your reward"
"بیا و پاداش خود را دریافت کن "
"you have preferred virtue over wit or looks"
"شما فضیلت را بر شوخ طبعی یا ظاهر ترجیح داده اید "
"and you deserve someone in whom these qualities are united"
"و شما سزاوار کسی هستید که این خصوصیات در آن متحد باشد "
"you are going to be a great queen"
"شما یک ملکه بزرگ خواهید شد "
"I hope the throne will not lessen your virtue"
"امیدوارم تاج و تخت از فضیلت شما کم نکند "
then the fairy turned to the two sisters
سپس پری رو به دو خواهر کرد
"I have seen inside your hearts"
"من درون قلب شما را دیده ام "
"and I know all the malice your hearts contain"
"و من می دانم تمام بدی هایی که در قلب شما وجود دارد "
"you two will become statues"
"شما دو نفر مجسمه خواهید شد "
"but you will keep your minds"
"اما شما ذهن خود را حفظ خواهید کرد "
"you shall stand at the gates of your sister's palace"
"تو باید جلوی دروازه های قصر خواهرت بایستی "
"your sister's happiness shall be your punishment"
"خوشبختی خواهرت مجازات تو خواهد بود "
"you won't be able to return to your former states"
"شما نمی توانید به وضعیت قبلی خود بازگردید "
"unless, you both admit your faults"
"مگر اینکه هر دوی شما اشتباهات خود را بپذیرید "

"but I am foresee that you will always remain statues"
"اما من پیش بینی می کنم که شما همیشه مجسمه خواهید ماند "
"pride, anger, gluttony, and idleness are sometimes conquered"
"غرور، خشم، پرخوري و بطالت گاهي غلبه مي كنند "
"but the conversion of envious and malicious minds are miracles"
"اما تبدیل ذهن حسود و بدخواه معجزه است "
immediately the fairy gave a stroke with her wand
بلافاصله پری با عصای خود سکته کرد
and in a moment all that were in the hall were transported
و در یک لحظه تمام کسانی که در سالن بودند منتقل شدند
they had gone into the prince's dominions
آنها به قلمرو شاهزاده رفته بودند
the prince's subjects received him with joy
رعایای شاهزاده او را با شادی پذیرفتند
the priest married Beauty and the Beast
کشیش با زیبایی و هیولا ازدواج کرد
and he lived with her many years
و سالها با او زندگی کرد
and their happiness was complete
و شادی آنها کامل شد
because their happiness was founded on virtue
زیرا سعادت آنها بر پایه فضیلت استوار بود

The End
پایان

www.tranzlaty.com

www.ingramcontent.com/pod-product-compliance
Lightning Source LLC
Chambersburg PA
CBHW012013090526
44590CB00026B/3995
* 9 7 8 1 8 3 5 6 6 9 8 4 6 *